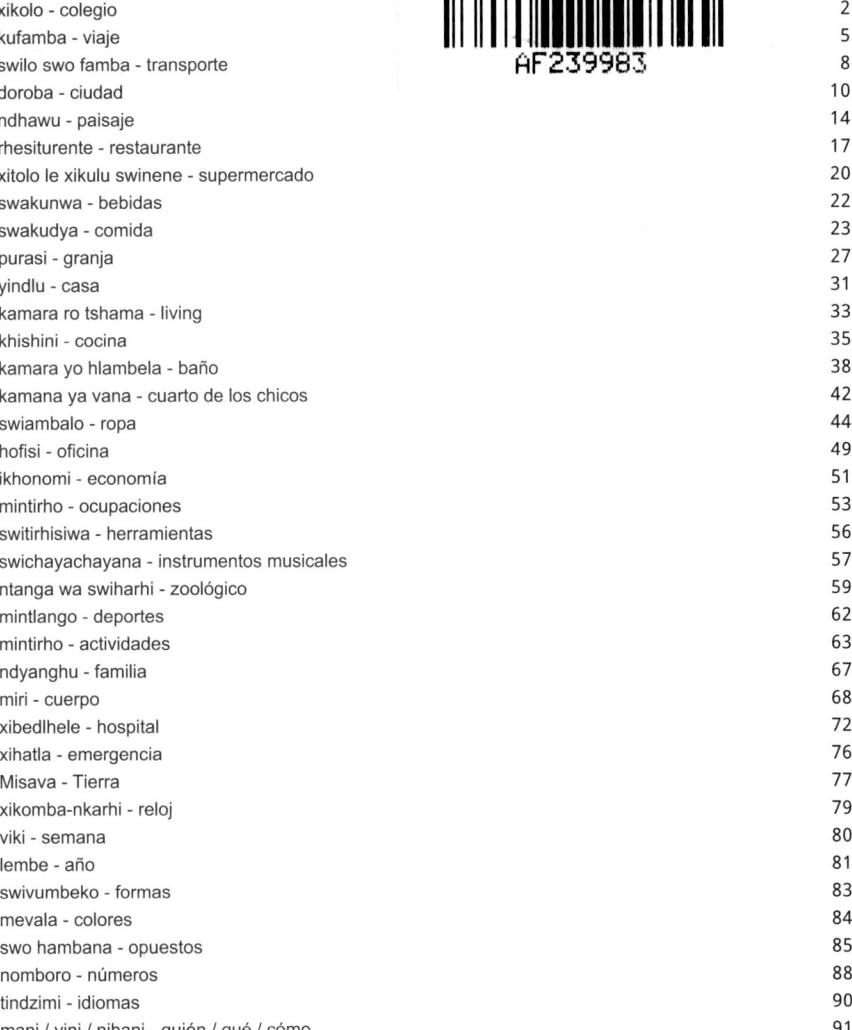

Impressum
Verlag: BABADADA GmbH, Nedderfeld 112 , 22529 Hamburg
Geschäftsführer / Verlagsleitung: Harald Hof
Druck: Books on Demand GmbH, In de Tarpen 42, 22848 Norderstedt

Imprint
Publisher: BABADADA GmbH, Nedderfeld 112 , 22529 Hamburg, Germany
Managing Director / Publishing direction: Harald Hof
Print: Books on Demand GmbH, In de Tarpen 42, 22848 Norderstedt

xikolo

colegio

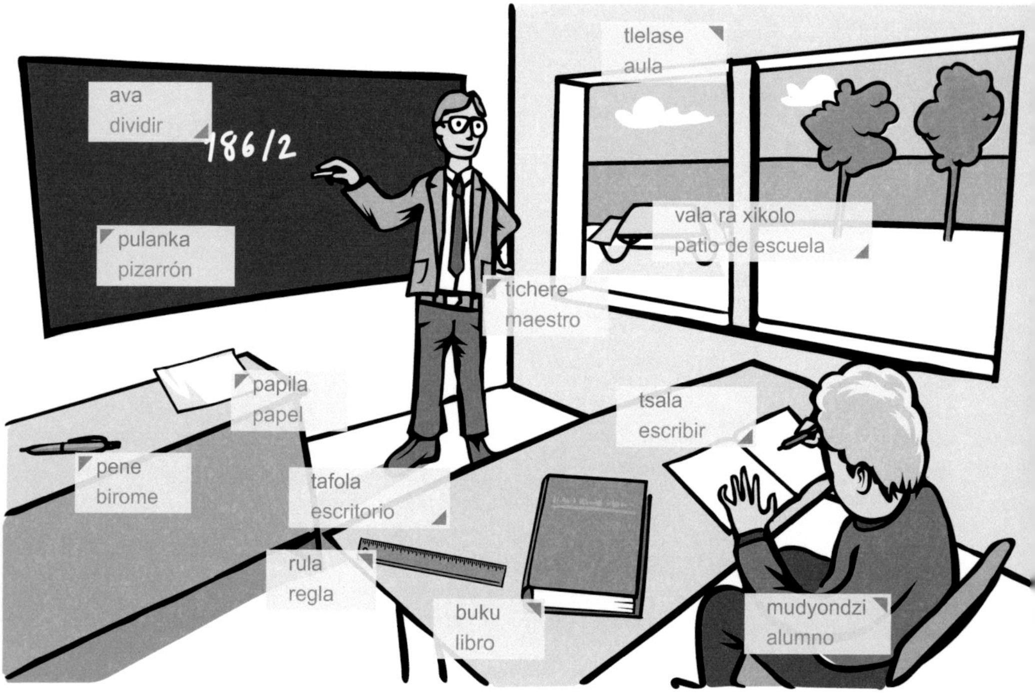
tlelase
aula
ava
dividir
186/2
pulanka
pizarrón
vala ra xikolo
patio de escuela
tichere
maestro
papila
papel
tsala
escribir
pene
birome
tafola
escritorio
rula
regla
buku
libro
mudyondzi
alumno

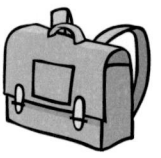

xinkwamana

mochila

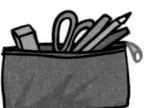

bokisi ra tipensele

caja de lápices

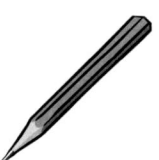

pensele

lápiz

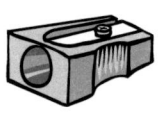

muchini wo vatla tipensele

sacapuntas

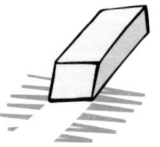

rhaba

goma (de borrar)

papilo ro dirowa

bloc de dibujo

xifaniso lexi diroweke

dibujo

burachi ro penda

pincel

bokisi ro penda

caja de pinturas

xikero

tijera

xidamarheti

pegamento

buku ya xikolo

cuaderno de ejercicios

ntirho wa le kaya

tarea

nombhoro

número

engeta

sumar

susa

restar

andzisa

multiplicar

hlaya

calcular

letere

letra

maletere

abecedario

rito

palabra

rungula
....
texto

hlaya
....
leer

choko
....
tiza

dyondzo
....
lección

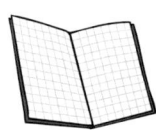

tsarisa
....
cuaderno de clase

xikambelo
....
examen

xitifiketi
....
certificado

swiambalo swa xikolo
....
uniforme escolar

dyondzo
....
educación

nsonga-vutivi
....
enciclopedia

univhesiti
....
universidad

makhiriskopu
....
microscopio

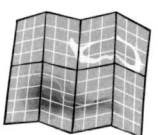

mepe
....
mapa

xikotela xo lahla maphepha
....
tacho (de basura)

kufamba
viaje

hotele
hotel
Grand
hositele
hostel
ROOMS
ndhawu yo cinca mali
casa de cambio
putumendhe
valija
movha
auto

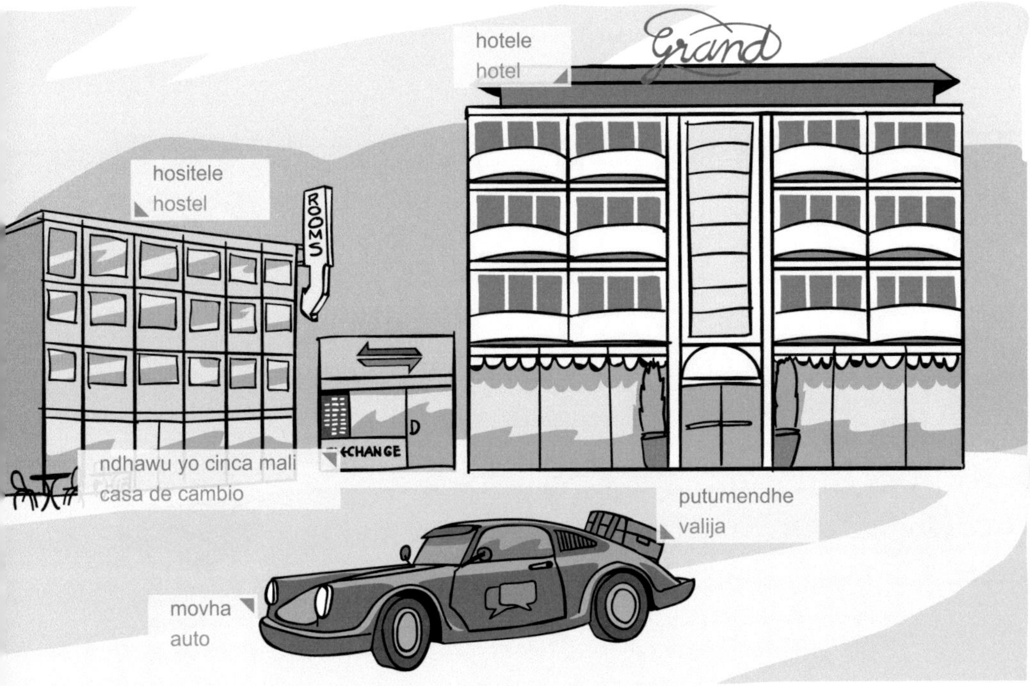

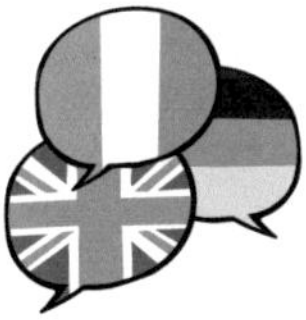

ririmi

idioma

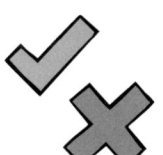

ina / e-e

sí / no

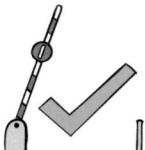

Swikahle

Está bien

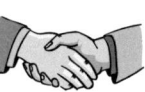

ahe

hola

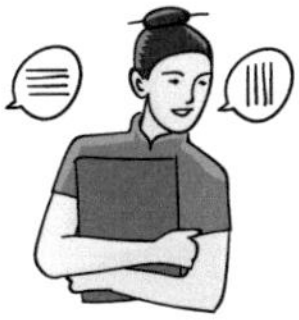

muhundzuluxeri

traductor

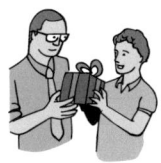

Ndza khensa

Gracias

ivungani…?

¿cuánto cuesta…?

Andzi twisisi

No entiendo

nkinga

problema

Riperile!

¡Buenas tardes!

Maxelo ya kahle!

¡Buenos días!

Vusiku bya kahle!

¡Buenas noches!

sala kahle

adiós

nkongomiso

dirección

mindzhwalo

equipaje

nkwama

bolso

nkwama

mochila

muendzi

invitado

kamara

habitación

nkwama wo etlela

bolsa de dormir

tende

carpa

vuxokoxoko bya vaendzi

información turística

ribuwa

playa

khadi ra xikweleti

tarjeta de crédito

xifihlulo

desayuno

swakudya swa ninhlekani

almuerzo

swakudya swa nimadyambu

cena

thikithi

pasaje

kheshe

ascensor

xitempe

sello

ndzilakana

frontera

mikhuva

aduana

hovisi ya vuyimeri ya tiko

embajada

visa

visa

pasi ro endza

pasaporte

swilo swo famba

transporte

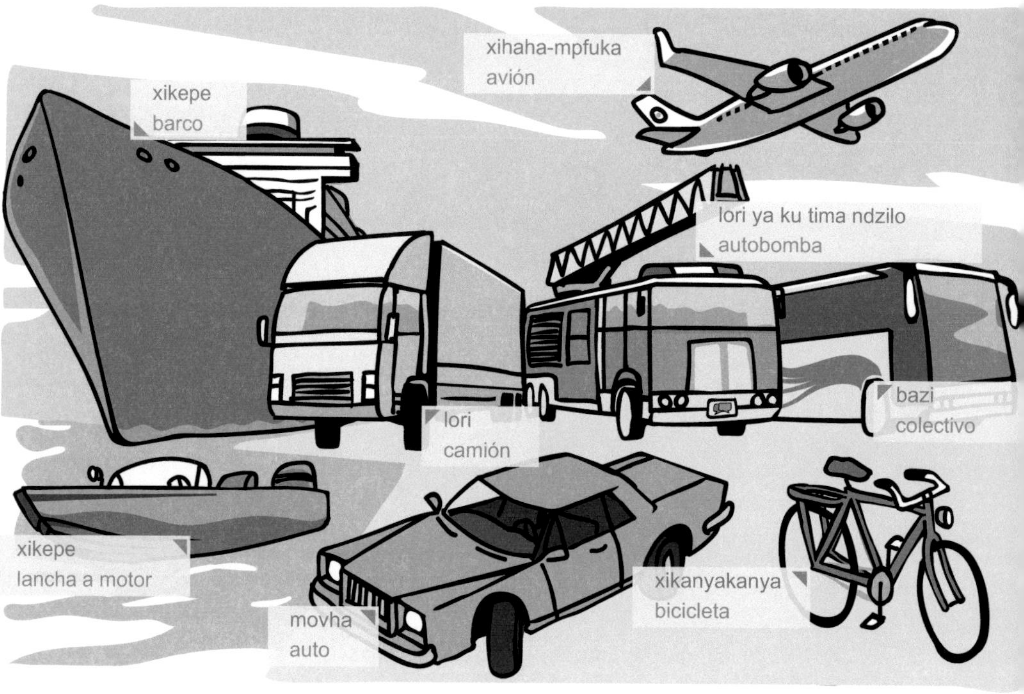
xihaha-mpfuka
avión
xikepe
barco
lori ya ku tima ndzilo
autobomba
lori
camión
bazi
colectivo
xikepe
lancha a motor
xikanyakanya
bicicleta
movha
auto

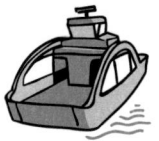

xikepe

ferry

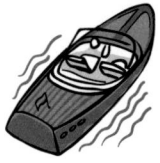

xikepe

bote

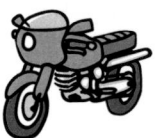

xithuthuthu

moto

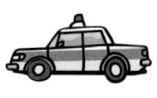

movha wa maphorisa

patrullero

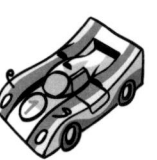

movha wa mphikizano

auto de carreras

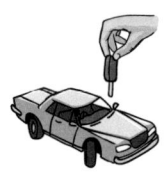

movha yo lombiwa

auto de alquiler

ku avelana hi movha

alquiler de autos

lori yo koka timovha

grúa

lori yo rhwala chaka

camión de basura

njhini

motor

mafurha

nafta

ndhawu yo xavisa petirolo

estación de servicio

mpfungo wa le patwini

señal de tránsito

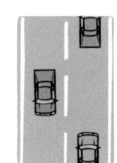

mafambelo ya mimovha

tránsito

ntlimbano wa timovha

embotellamiento

phaki ya timovha

estacionamiento

xitichi xa xitimela

estación de tren

mintila

vías

xitimela

tren

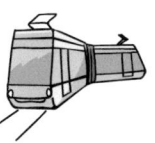

banzi leri fambaka
exiporweni

tranvía

kalichi

vagón

xihaha-mpfuka-phatsa

helicóptero

rivala ra siwhaha-mpfuka

aeropuerto

xihondzo

torre

mukhandziyi

pasajero

bokisi

contenedor

bokisi

caja de cartón

kalichi

carretilla

xirhundzi

canasta

suka / tshama

despegar / aterrizar

doroba

ciudad

muti

pueblo

nkava wa doroba

centro de ciudad

yindlu

casa

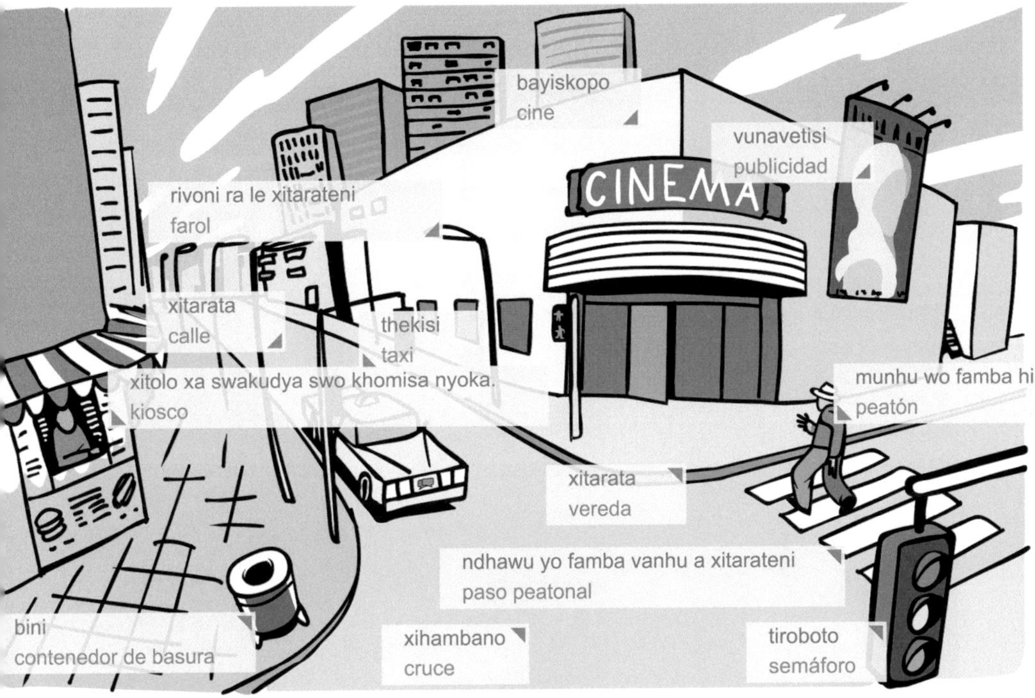

bayiskopo
cine

vunavetisi
publicidad

rivoni ra le xitarateni
farol

xitarata
calle

thekisi
taxi

xitolo xa swakudya swo khomisa nyoka.
kiosco

munhu wo famba hi
peatón

xitarata
vereda

ndhawu yo famba vanhu a xitarateni
paso peatonal

bini
contenedor de basura

xihambano
cruce

tiroboto
semáforo

xiyindlwana xa byanyi
cabaña

yindlu
departamento

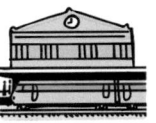

xitichi xa xitimela
estación de tren

holo ya vanhu
municipalidad

muziyamu
museo

xikolo
colegio

univhesiti

universidad

bangi

banco

xibedlhele

hospital

hotele

hotel

xitolo xa miri

farmacia

hofisi

oficina

xitolo xa tibuku

librería

xitolo

negocio

xitolo xa swiluva

florería

xitolo le xikulu swinene

supermercado

makete

mercado

xitolo le xikulu

grandes tiendas

xitolo xa tinhlampfi.

pescadería

ndhawu ya switolo

centro comercial

hlaluko

puerto

phaka

parque

bence

banco

buloho

puente

switepisi

escaleras

ehansi ka misava

subte

muhocho

túnel

xitichi xa tibanzi

parada del colectivo

barha

bar

rhesiturente

restaurante

bokisi ra poso

buzón

mfungho wa xitarata

letrero

muchini wa mali ya ku phaka

parquímetro

ntanga wa swiharhi

zoológico

damu ro xambela

pileta

mosque

mezquita

purasi

granja

nthyakiso

contaminación

masirha

cementerio

kereke

iglesia

rivala ra mintlangu

juegos infantiles

tempele

templo

ndhawu
paisaje

tluka
hoja

mfungho wa gondzo
poste indicador

ndlela
camino

byanyi byo tala
pradera

ribye
piedra

munhu wo khandziya tintshava
excursionista

murhi
árbol

nambu
río

byanyi
hierba

xiluva
flor

nkova

valle

xitsunga

montaña

tiva

lago

khwati

bosque

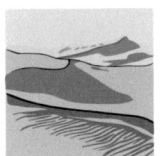

mananga

desierto

volkheno

volcán

ntsinda

castillo

nkwangulatilo

arco iris

swikowa

champiñón

murhi wa nchindzu

palmera

nsuna

mosquito

haha

mosca

vusokoti

hormiga

nyoxi

abeja

puma

araña

xifufunhunu

escarabajo

chele

rana

maxindyana

ardilla

nhloni

erizo

mfundla

liebre

xikhova

lechuza

xinyenyane

pájaro

sekwa

cisne

ngluve ya nhova

jabalí

mhunti

ciervo

mhofu

alce

damu

presa

xipelupelu xa moya

aerogenerador

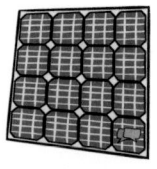

bodo leyi tswongaka kuhisa
ka dyambu

panel solar

maxelo

clima

rhesiturente
restaurante

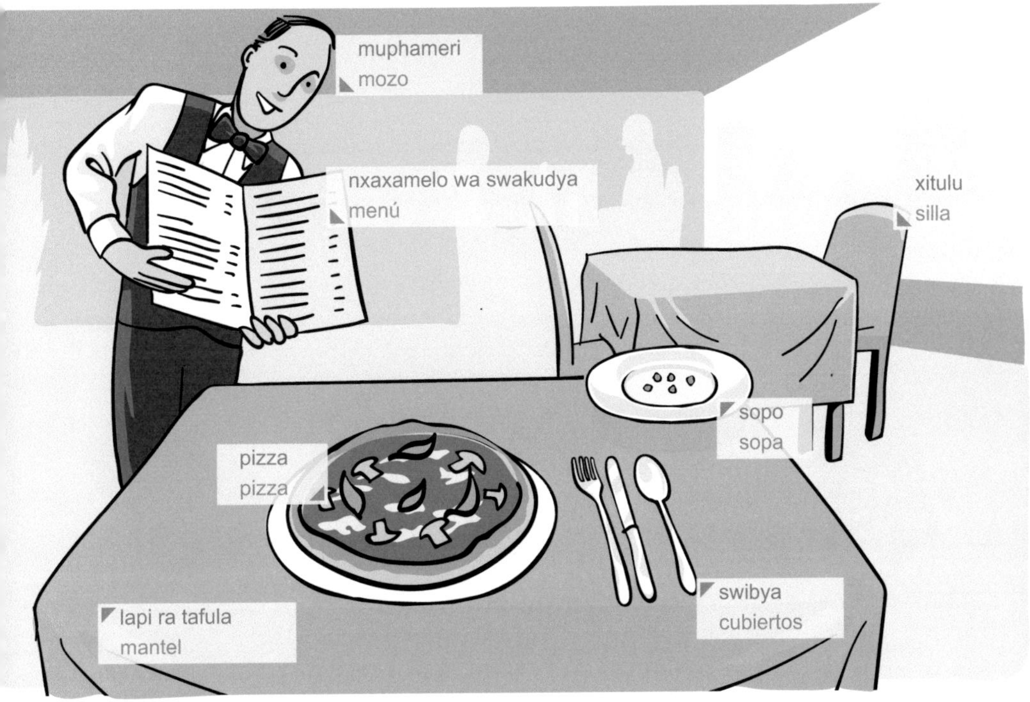

muphameri
mozo
nxaxamelo wa swakudya
menú
xitulu
silla
sopo
sopa
pizza
pizza
swibya
cubiertos
lapi ra tafula
mantel

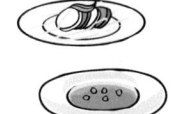

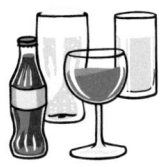

swakudya swa ku naveta

entrada

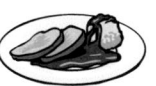

swakudya

plato principal

swo rhelerisa

postre

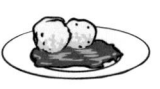

swakunwa

bebidas

swakudya

comida

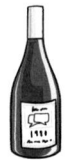

bodlhela

botella

swakudya swa xihatla

comida rápida

swakudya swa le ndleleni

comida callejera

mbita ya tiya

tetera

xibye xa chukela

azucarera

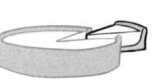

xiphemu

porción

muchini wa espresso

cafetera expreso

xitulu xa le henhla

sillita alta

swikweleti

cuenta

thireyi

bandeja

mukwana

cuchillo

foroko

tenedor

lepula

cuchara

xilepulana

cucharita

phepha ro sula nomu

servilleta

nghilazi

vaso

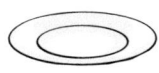

pleti

plato

pleti ya sopo

plato hondo

sosara

plato

murhu

salsa

xilo xo chele munyu

salero

xilo xo gaya

molinillo de pimienta

vhiniga

vinagre

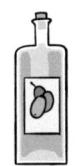

mafurha

aceite

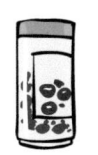

swinyunyeteri

especias

ketchup

kétchup

mustard

mostaza

mayonasi

mayonesa

xitolo le xikulu swinene
supermercado

nyiko yo hlawuleka
oferta especial
muxavi
cliente
ntsamba
lácteos
mihandzu
fruta
xikocikara
changuito
FOR

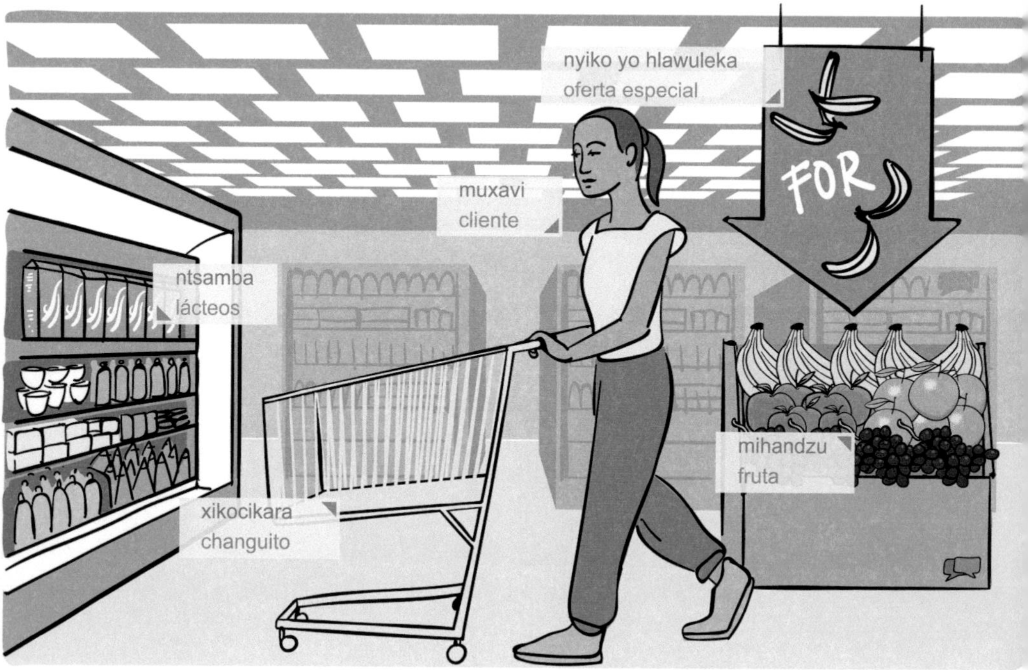

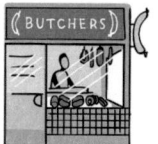

buchara
carnicería

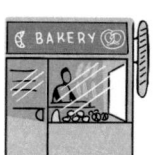

bekari
panadería

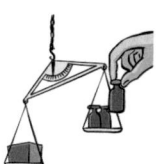

ringanyeta
pesar

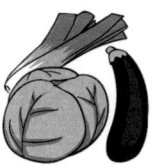

swimila
verduras

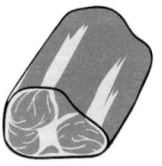

nyama
carne

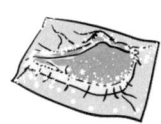

swakudya swo titimela
alimentos congelados

nyama

fiambres

swakudya leswi nga thinini

alimentos enlatados

mapa yo hlanswa

detergente en polvo

malekere

golosinas

switirhisiwa swa le ndlwini

electrodomésticos

swilo swo basisa

productos de limpieza

munhu wo xavisa

vendedora

thili

caja

muamukeli wa timali

cajero

nxaxamelo wa swo xaviwa

lista de compras

nkarhi wa ku tirha

horario de atención

nkwama wa mali

billetera

khadi ra xikweleti

tarjeta de crédito

nkwama

cartera

nkwama wa pulasitiki

bolsa de plástico

mati

agua

ntsutsu

jugo

meleke

leche

coke

bebida cola

vhinyo

vino

byalwa

cerveza

byala

alcohol

cocoa

cacao

tiya

té

kofi

café

espresso

café expreso

cappuccino

cappuccino

banana

banana

apula

manzana

lamula

naranja

kalabatla

melón

swiri

limón

kherotsi

zanahoria

swinyalana

ajo

musengele

bambú

nyala

cebolla

swikowa

champiñón

timanga

nueces

makaroni ya nyama

fideos

spaghetti

tallarines

rhayisi

arroz

saladi

ensalada

machipisi

papas fritas

nhlata wo katingiwa

papas fritas

pizza

pizza

hamburger

hamburguesa

xinkwa

sándwich

cutlet

churrasco

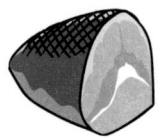

ham

jamón

salami

salame

soseji

salchicha

huku

pollo

katinga

asado

hlampfi

pescado

oats

copos de avena

muesli

muesli

rivele-ndzoho

copos de maíz

filawa

harina

bantsi

medialuna

xinkwa

pancito

xinkwa

pan

xinkwa xo oxiwa

tostada

makokisi

galletitas

botere

manteca

ribomba ra tswamba

cuajada

khekhe

torta

tandza

huevo

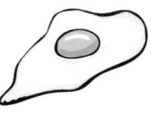

matandza lama katingiweke

huevo frito

chizi

queso

ayisi khrimi

helado

chukela

azúcar

vulombe

miel

jamu

mermelada

botere ya chokoleti

pasta de chocolate

curry

curry

purasi
granja

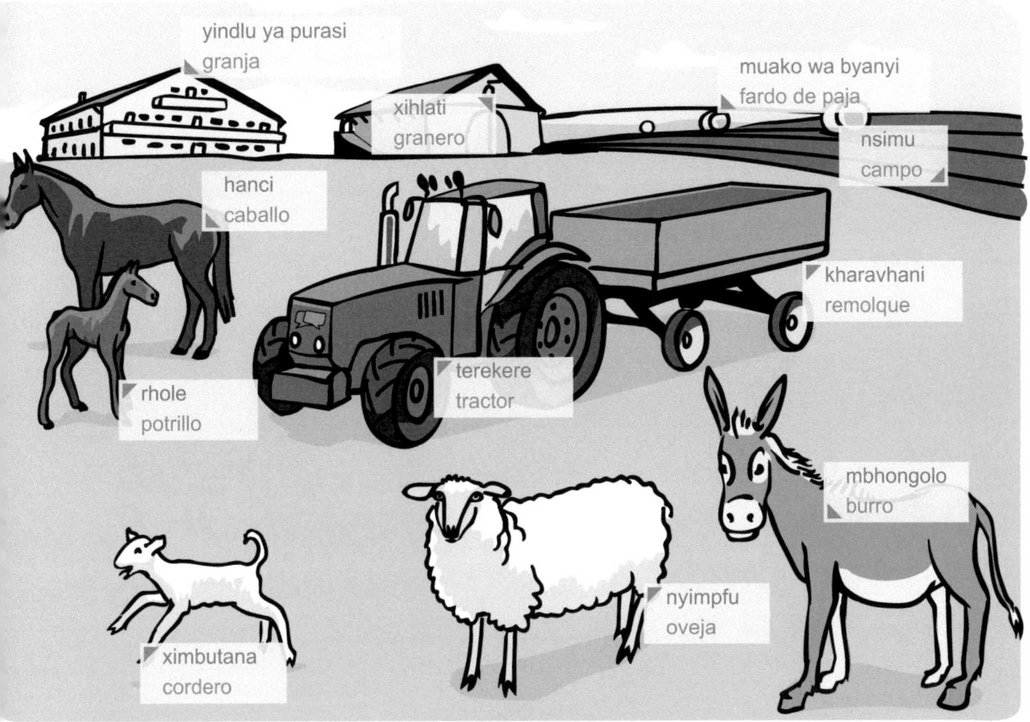

yindlu ya purasi
granja
muako wa byanyi
fardo de paja
xihlati
granero
nsimu
campo
hanci
caballo
kharavhani
remolque
terekere
tractor
rhole
potrillo
mbhongolo
burro
nyimpfu
oveja
ximbutana
cordero

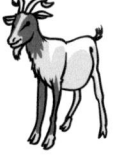

mhunti
cabra

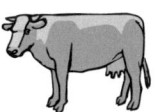

homu
vaca

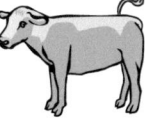

rhole
ternero

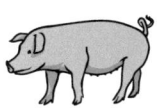

nguluve
cerdo

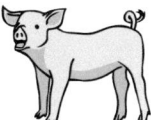

xingulubyana
lechón

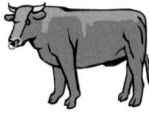

nkuzi
toro

sekwa

ganso

sweka

pato

xikukwana

pollo

mbhaha

gallina

nkuku

gallo

kondlo

rata

ximanga

gato

kondlo

ratón

homu

buey

mbyana

perro

yindlu ya mbyana

cucha

payipi ya mati

manguera

xilo xo chelela mati

regadera

nsimbi yo tsema

guadaña

xikomu

arado

sikele

hoz

xikomu

azada

foroko le yikulu

horquilla

xihloka

hacha

bara

carretilla

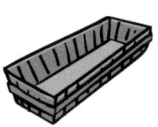

xitsengele

abrevadero

xilo xo chela ntswamba

lechera

saka

bolsa

rirhangu

reja

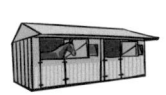

xivala

establo

yindlu ya vuhlayiselo bya
swimilana

invernadero

misava

suelo

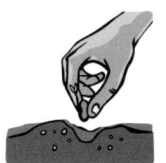

mbewu

semilla

swinonisi

fertilizador

muchini wa ku tshovela

cosechadora

tshovela

cosechar

ntshovelo

cosecha

mintsumbula

batatas

koroni

trigo

tinyawa

soja

nhlata

papa

koroni

maíz

rapeseed

semilla de colza

nsinya wa mihandzu

árbol frutal

ntsumbula

mandioca

swakudya swa tidzoho

cereales

yindlu
casa

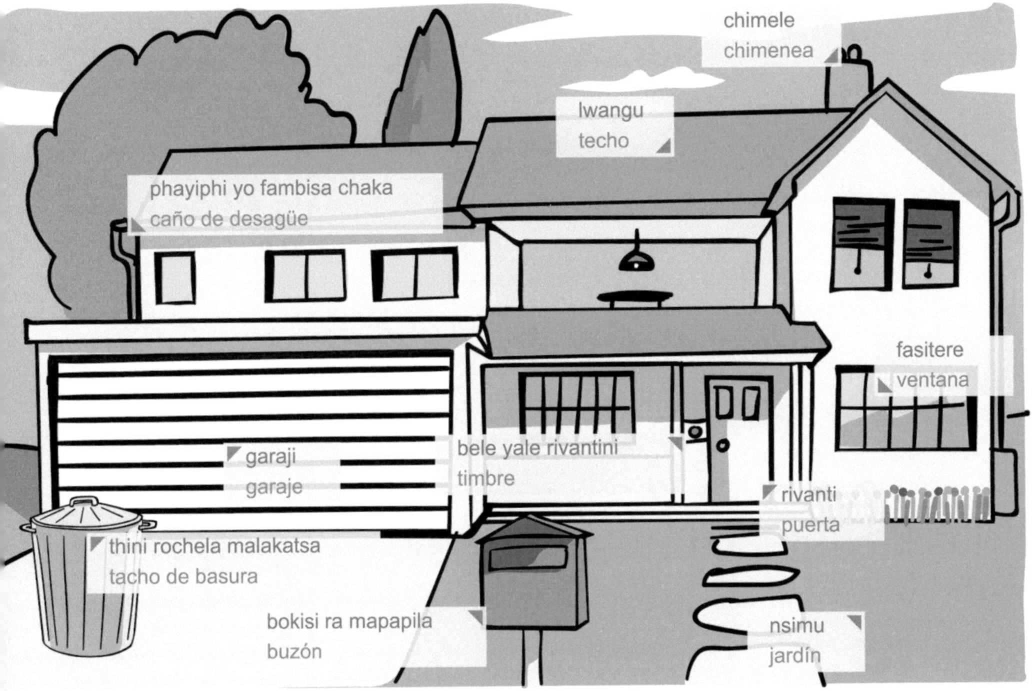
chimele
chimenea
lwangu
techo
phayiphi yo fambisa chaka
caño de desagüe
fasitere
ventana
garaji
garaje
bele yale rivantini
timbre
rivanti
puerta
thini rochela malakatsa
tacho de basura
bokisi ra mapapila
buzón
nsimu
jardín

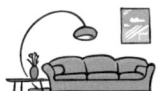

kamara ro tshama

living

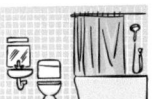

kamara yo hlambela

baño

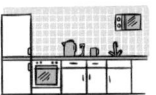

khishini

cocina

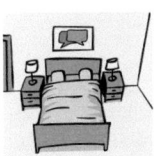

kamera ro etlela

dormitorio

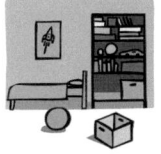

kamana ya vana

cuarto de los chicos

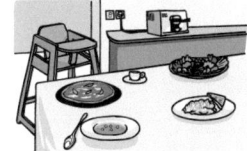

ndhawu yo dyela

comedor

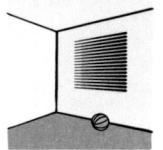

ehansi

piso

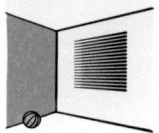

khumbi

pared

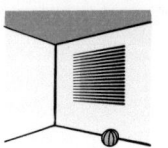

silingi

cielorraso

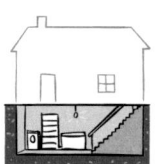

kamera ra le hansi

sótano

phungula

sauna

rikupakupa

balcón

tshala

terraza

damu

pileta

muchini wo tsema byanyi

cortadora de pasto

nkumba

sábana

swo andlalela mubedo

acolchado

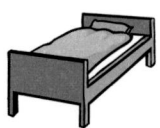

mubedo

cama

nkukulu

escoba

bakiti

balde

swichi

interruptor

kamara ro tshama
living

phepha ra le khumbini
empapelado
xifaniso
imagen
rivoni
lámpara
xelufu
estante
khabodo
armario
thelevhixini
televisión
xitiko
chimenea
xiluva
flor
xikhengele
almohadón
sofa
sofá
mbita
florero
xilawula-kule
control remoto

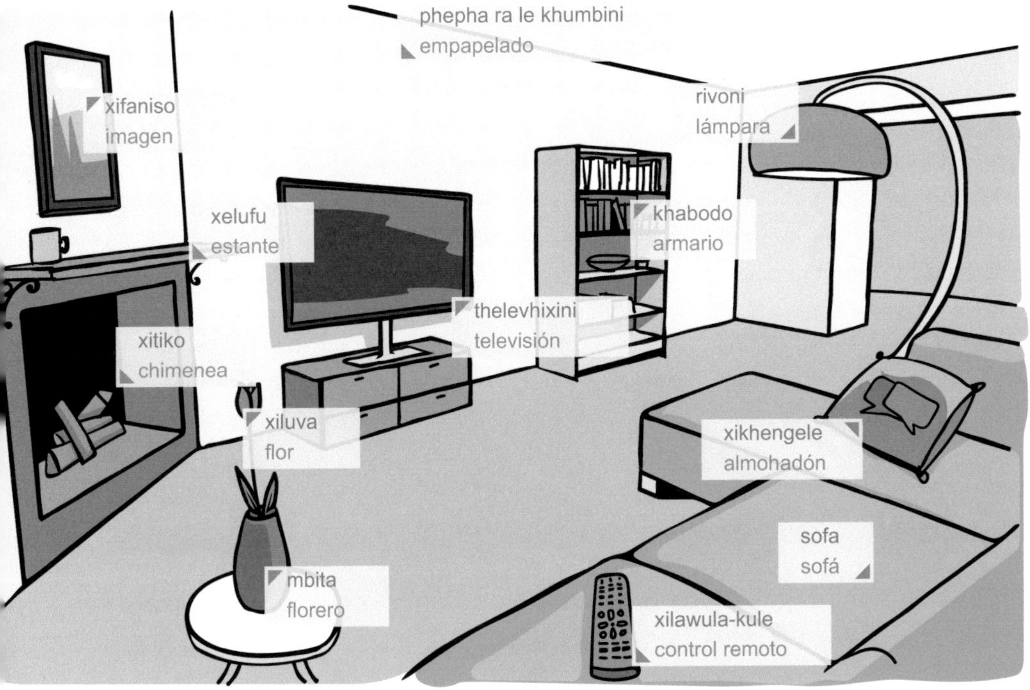

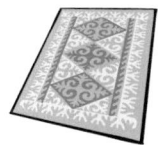

khapete

alfombra

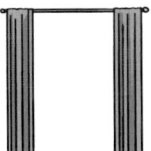

khethenisi

cortina

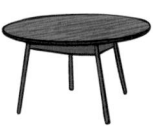

tafula

mesa

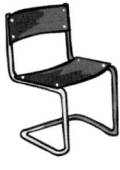

xitulu

silla

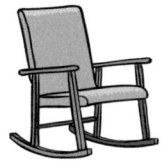

xitulu xo mbuwetela

mecedora

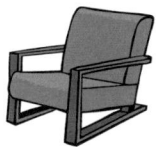

xitulu xo tlhandleka mavoko

sillón

buku

libro

nkumba

frazada

nkhaviso

decoración

tihunyi

leña

filimi

película

muchini wa hi-fi

equipo de música

xinotlelo

llave

phepha-hungu

diario

xifaniso lexi vatliweke

pintura

bodo ya xifaniso

póster

xiya-ni-moya

radio

buku yo tsala tinhla

cuaderno

hoover

aspiradora

xiluva xa cactus

cactus

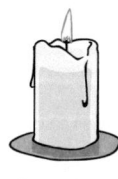

khandlela

vela

khishini
cocina

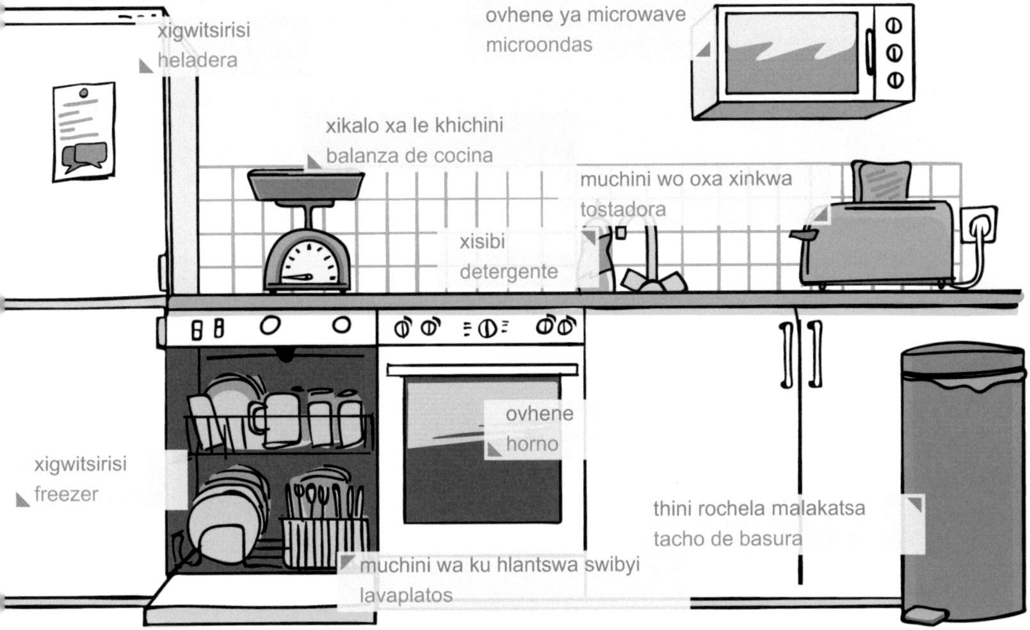

xigwitsirisi
heladera
ovhene ya microwave
microondas
xikalo xa le khichini
balanza de cocina
muchini wo oxa xinkwa
tostadora
xisibi
detergente
ovhene
horno
xigwitsirisi
freezer
thini rochela malakatsa
tacho de basura
muchini wa ku hlantswa swibyi
lavaplatos

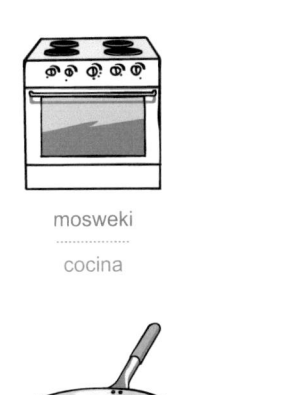

mosweki

cocina

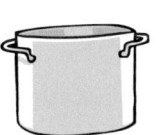

poto

olla

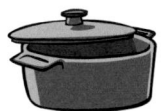

poto ra nsimbi

olla de hierro fundido

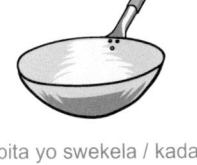

mbita yo swekela / kadai

wok

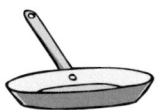

pani

sartén

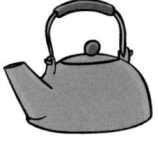

ketlele

pava

xo sweka hi nkahelo

vaporera

thireyi ya ku baka

bandeja de horno

swibya

vajilla

xikomichana

taza

ximbitana

bol

ti-chopstick

palitos

xipunu

cucharón

spatula

estpátula

muchini wo hlanganisa

batidora

sefo

colador

xisefo

colador

xilo xo tsemelela

rallador

xibye

mortero

nyama yo oshiwa

parrilla

ndzilo

fogata

bodo ya ku tsemelela

tabla de picar

mhandzi yo andlala fulawa

palo de amasar

xo pfula mabodlhela

sacacorchos

thini

lata

xo pfula mathini

abrelatas

xo khoma poto

manopla

zinki

pileta

buracha

cepillo

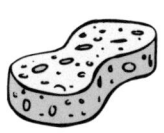

xiponci

esponja

xilo lexi hlanganiselaka

batidora

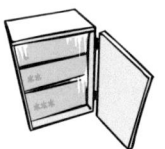

xigwitsirisi

congelador

bodlhela ra n'wana

mamadera

pompi

canilla

kamara yo hlambela

baño

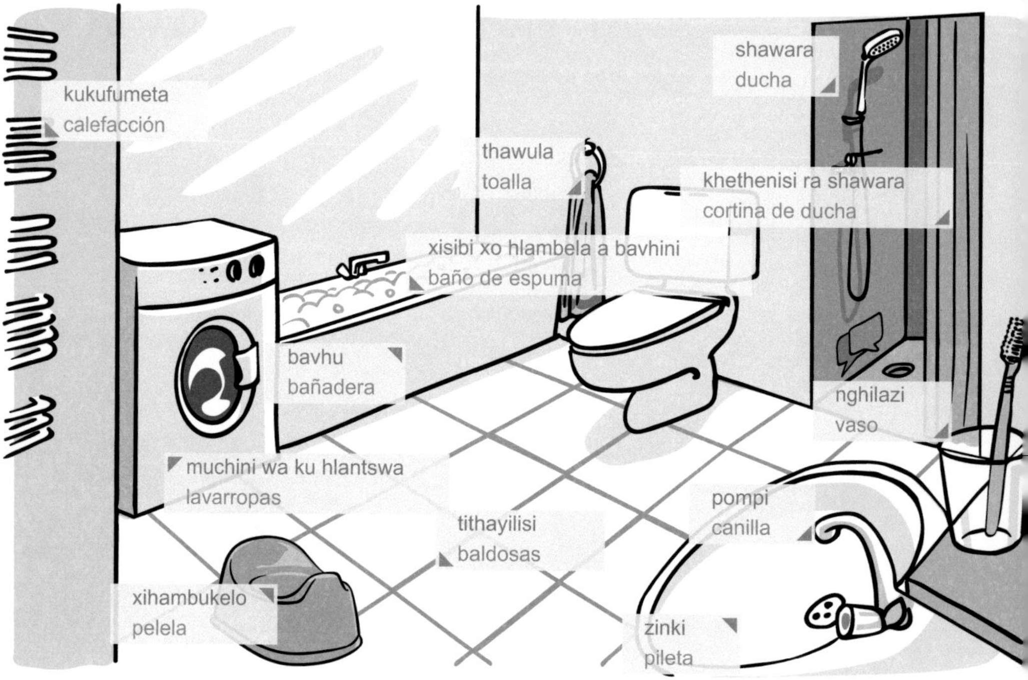

kukufumeta
calefacción
shawara
ducha
thawula
toalla
khethenisi ra shawara
cortina de ducha
xisibi xo hlambela a bavhini
baño de espuma
bavhu
bañadera
nghilazi
vaso
muchini wa ku hlantswa
lavarropas
pompi
canilla
tithayilisi
baldosas
xihambukelo
pelela
zinki
pileta

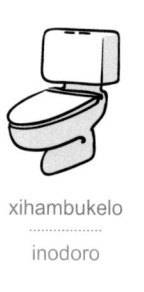

xihambukelo

inodoro

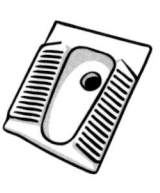

xihambukelo

letrina

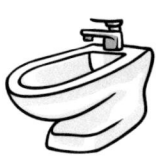

bidet

bidé

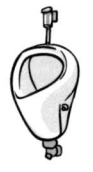

ndhawu yo tsakamisela

mingitorio

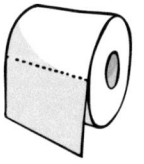

papila ra xihambukelo

papel higiénico

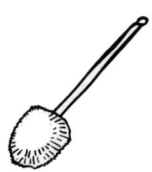

burachi bya xihambukelo

cepillo para el inodoro

burachi bya meno

cepillo de dientes

xisibi xa meno

dentífrico

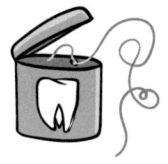

xo basisa exikarhi ka meno

hilo dental

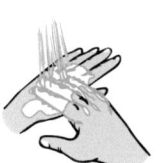

hlamba

lavar

xawara yo khomiwa hivoko

ducha de mano

douche

ducha higiénica

xihlambelo

palangana

buracha ra nhlana

cepillo para espalda

xisibi

jabón

xisibi xa xawara

gel de ducha

shampoo

shampoo

swilapana

toallita

xinambyana

desagüe

rivomba

crema

xinhuherisi

desodorante

xivoni

espejo

xivoni xo khomiwa hivoko

espejito

rikarhi

maquinita de afeitar

xisibi so susa malevu

espuma de afeitar

mafurha ya kutola loku u
heta ku tsemeta malevu

aftershave

kama

peine

buracha

cepillo

muchini wo omisa mosisi

secador de pelo

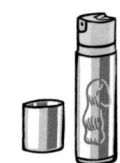

mafurha yo tola mosisi

spray

xo tisasekisa

maquillaje

xotota nomo

lápiz de labios

xo tota minwala

esmalte para uñas

kotoni

algodón

xo tsema minwala

tijera para uñas

xinhuherisi

perfume

nkwama wa le
xihambukelweni

portacosméticos

nchuluko

banqueta

xikalo

balanza

nguvu yo hlamba

bata

tiglovhu ta raba

guantes de goma

tampon

tampón

thawula ra ku basisa

toallita femenina

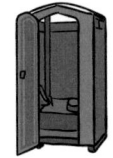

xihambukelo xa le handle

baño químico

kamana ya vana

cuarto de los chicos

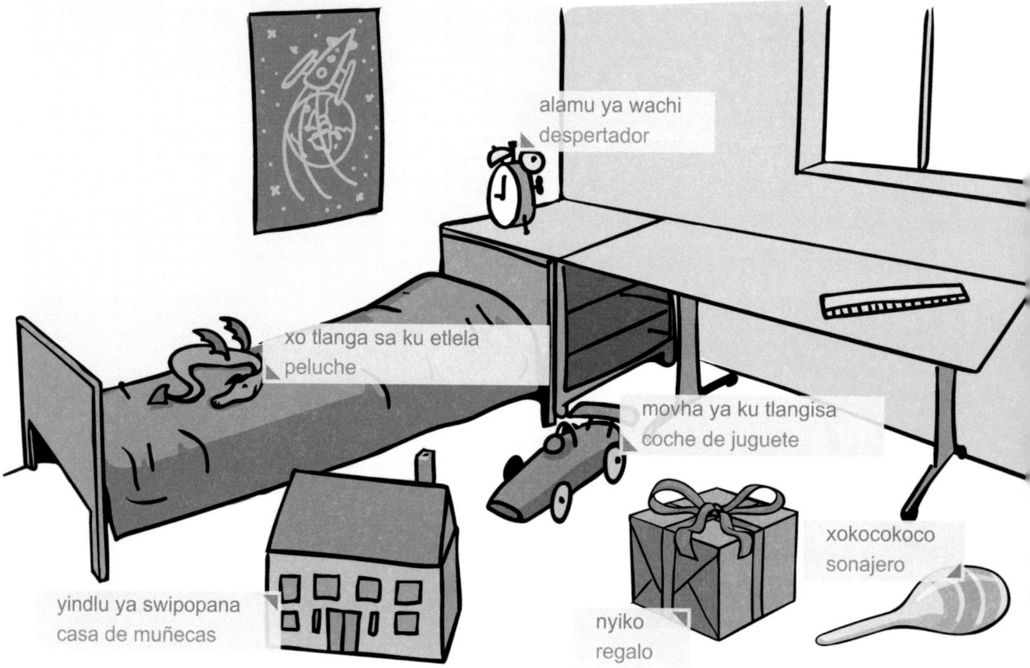

alamu ya wachi
despertador
xo tlanga sa ku etlela
peluche
movha ya ku tlangisa
coche de juguete
xokocokoco
sonajero
yindlu ya swipopana
casa de muñecas
nyiko
regalo

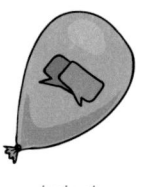

baluni

globo

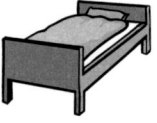

mubedo

cama

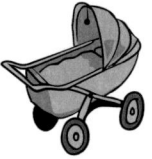

pureme

cochecito

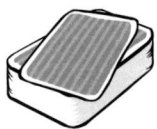

makhadi

cartas

jigsaw

rompecabezas

SUPER
MEGA

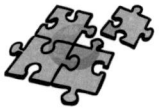

khomiki

historieta

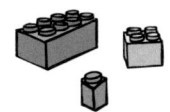

switina swa lego

piezas de lego

swiaki

ladrillos de juguete

xo tlanga xa vana

figura de acción

swiambalo swa nwana

enterito (de bebé)

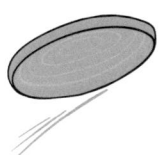

Frisbee

frisbee

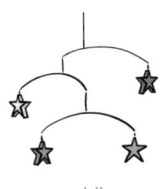

mobile

móvil para bebés

ntlango wa le bodweni

juego de mesa

dayisi

dados

xitimela xo tlanga

tren eléctrico

xo tlangisa vana

chupete

nkhuvo

fiesta

buku ya swifaniso

libro de cuentos ilustrado

bolo

pelota

xipopana

muñeca

tlanga

jugar

khele ra sava

arenero

muchinginya

hamaca

swilo swo tlangisa

juguetes

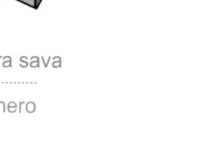

mintlango ya vhidiyo

consola de videojuegos

xithuthuthu xa mivhilwa
manharhu

triciclo

tibere to tlangisa

osito de peluche

wadirobo

armario

swiambalo

ropa

masokisi

medias

masokisi

medias panty

buruku byo tlimba

calzas

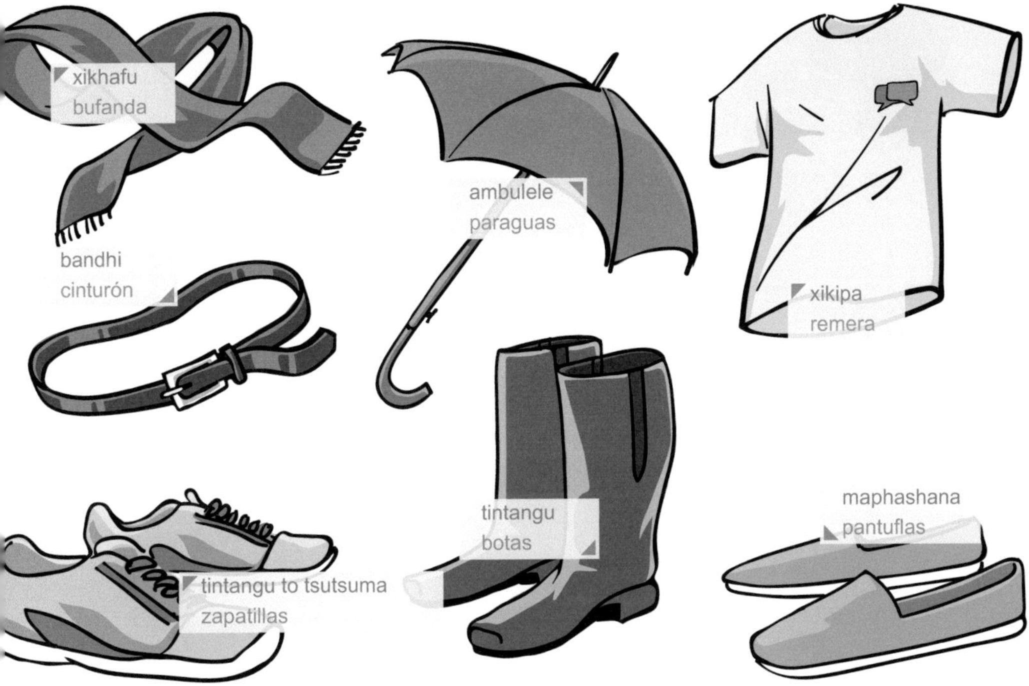

xikhafu
bufanda

ambulele
paraguas

bandhi
cinturón

xikipa
remera

tintangu
botas

maphashana
pantuflas

tintangu to tsutsuma
zapatillas

maphashana

sandalias

tintangu

zapatos

majombo ya raba

botas de goma

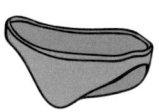

maburuko ya le ndzeni

ropa interior

bodi

corpiño

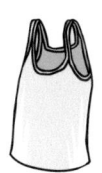

xikipa xa le ndzeni

chaleco

miri

body

maburuko

pantalones

bokati

jeans

xiketi

pollera

bulawusi

blusa

hembe

camisa

jesi

pulóver

jazi ro fingeneta nhloko

buzo

buleyizara

blazer

baji

campera

nghuvo

tapado

jazi rampfula

piloto

swiambalo

traje

swiambalo

vestido

rhoko ya mucato

vestido de novia

sudu

traje

xiambalo xo etlela

camisón

swi ambalo swo etlela

pijama

sari

sari

xikhafu

pañuelo para cabeza

duku

turbante

burqa

burka

swi ambalo

caftán

abaya

abaya

swiambalo swo hlambela

traje de baño

maburuko ya le ndzeni

short de baño

buruku ro koma

shorts

tracksuit

jogging

fasikoti

delantal

maglilavhu

guantes

kunupu

botón

manghilazi ya mahlo

anteojos

sindza

pulsera

vuhlalu

collar

xingwaxila

anillo

vo sasekisa tindleve

aro

kepisi

gorra

hangara ya nghuvo

percha

xigqoko

sombrero

thayi

corbata

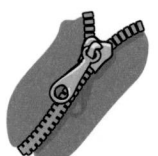

zipi

cierre

xihuku

casco

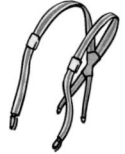

minxongotelo

tiradores

swiambalo swa xikolo

uniforme escolar

yunifomo

uniforme

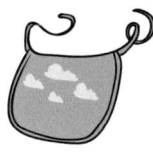

bibi

babero

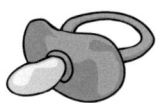

xo tlangisa vana

chupete

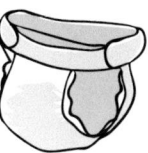

leyiri

pañal

hofisi

oficina

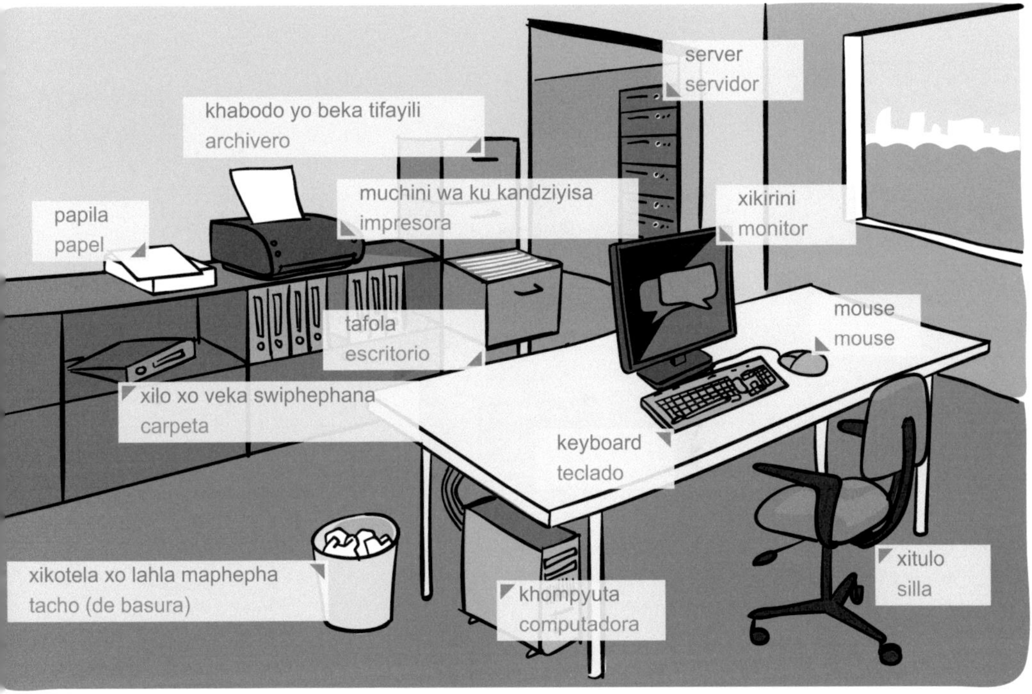

server
servidor
khabodo yo beka tifayili
archivero
muchini wa ku kandziyisa
impresora
papila
papel
xikirini
monitor
mouse
mouse
tafola
escritorio
xilo xo veka swiphephana
carpeta
keyboard
teclado
xikotela xo lahla maphepha
tacho (de basura)
khompyuta
computadora
xitulo
silla

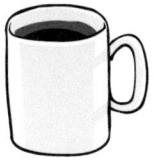

bikiri ra kofi

taza de café

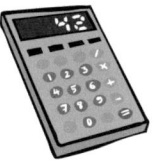

muchini wo hlaya

calculadora

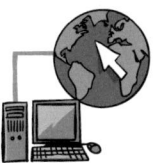

internet

internet

laptop

laptop

papila

carta

rungula

mensaje

foni

celular

network

red

muchini wo endla tikopi

fotocopiadora

progreme ya khompyuta

software

riqingho

teléfono

pulagi ya gezi

tomacorriente

muchini wo rhumela rungula

fax

fomo

formulario

papila

documento

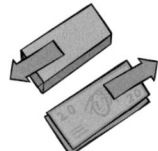

xava

comprar

hakela

pagar

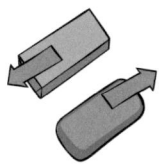

xavisa

hacer negocios

mali

dinero

dolara

dólar

euro

euro

yen

yen

rouble

rublo

Swiss franc

franco suizo

renminb yuan

yuan

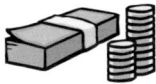

rupee

rupia

muchini wa mali

cajero automático

ndhawu yo cinca mali

casa de cambio

nsuku

oro

silivhere

plata

mafurha

petróleo

matimba

energía

hakelo

precio

ntwanano

contrato

xibalo

impuesto

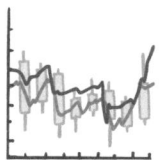

nundzu ya timali

acción

tirha

trabajar

mutirhi

empleado

mothorhi

empleador

fektri

fábrica

xitolo

negocio

mintirho
ocupaciones

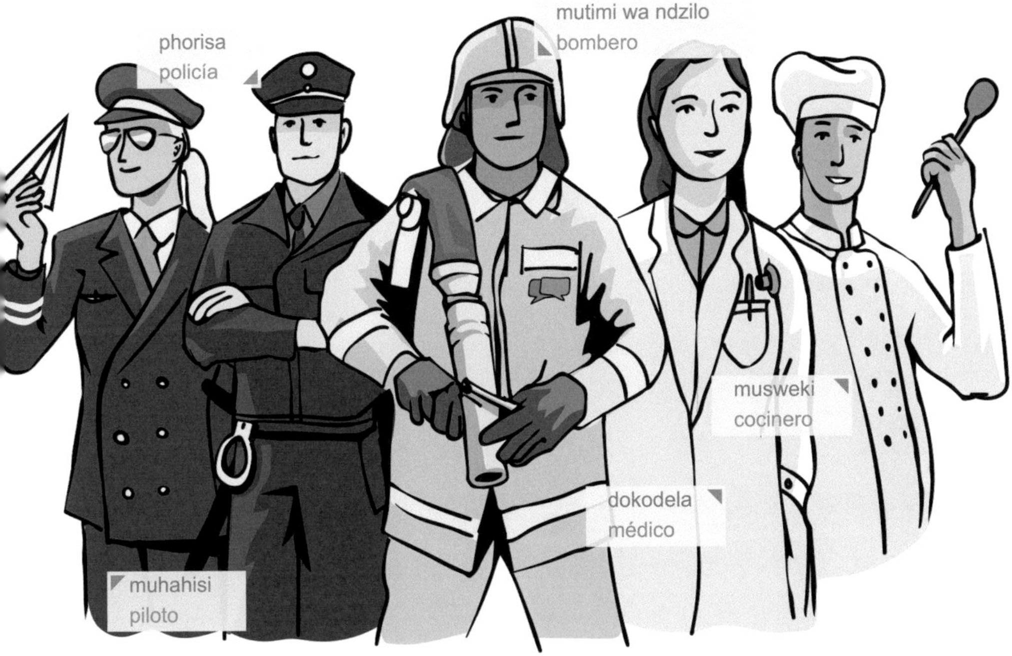
mutimi wa ndzilo
bombero
phorisa
policía
musweki
cocinero
dokodela
médico
muhahisi
piloto

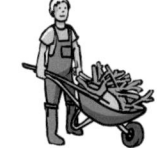

muhlayi wa ntanga

jardinero

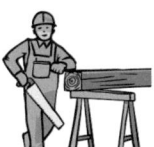

muvatli

carpintero

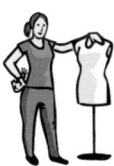

murungi

modista

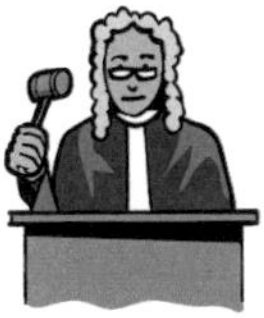

muavanyisi

juez

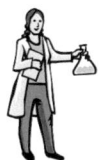

xitshunguri

farmacéutico

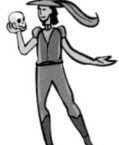

mutlangi

actor

muchaeri wa tibazi

colectivero

muchayeri wa thekisi

taxista

muphasi wa tinhlampfi

pescador

wansati wa ku basisa

mucama

mufuleri

techista

muphameri

mozo

muhloti

cazador

mupendi

pintor

mubaki

panadero

mutivi wagezi

electricista

muaki

albañil

munjiniyara

ingeniero

muxavisi wa nyama

carnicero

muplambara

plomero

muheleketi wa poso

cartero

socha

soldado

mumpfampfarhuti

arquitecto

muamukeli wa timali

cajero

muxavisi wa swiluva

florista

mululamisi wa misisi

peluquero

mufambisi

cobrador

munhu wo lungisa timovha

mecánico

mulawuri

capitán

dokotela wa matinho

dentista

mutivi wa sayensi

científico

mufundisi

rabino

murhangeri

imán

nghwendza

monje

mfundisi

sacerdote

switirhisiwa
herramientas

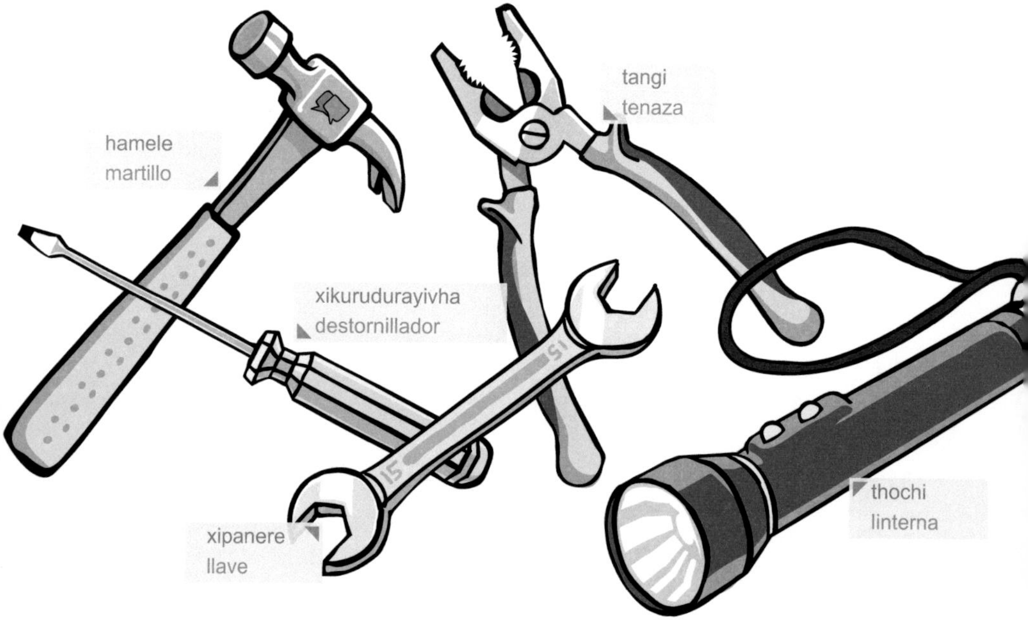
hamele
martillo
tangi
tenaza
xikurudurayivha
destornillador
xipanere
llave
thochi
linterna

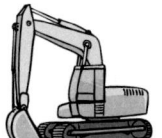

muchini wo cela

excavadora

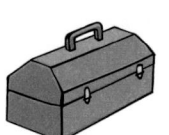

bokisi ra switirhisiwa

caja de herramientas

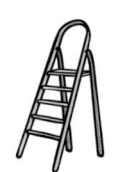

xitepisi

escalera portátil

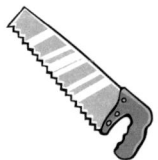

saha

sierra

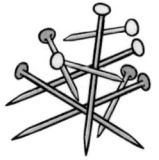

swipikiri

clavos

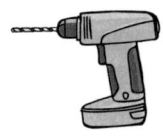

muchini wo boxa

taladro

lunghisa

arreglar

foxolo

pala de jardín

Thyaka!

¡Qué bronca!

nchumu wo susa ritshuri

pala de plástico

mbita ya pende

tacho de pintura

bawuti

tornillos

swichayachayana

instrumentos musicales

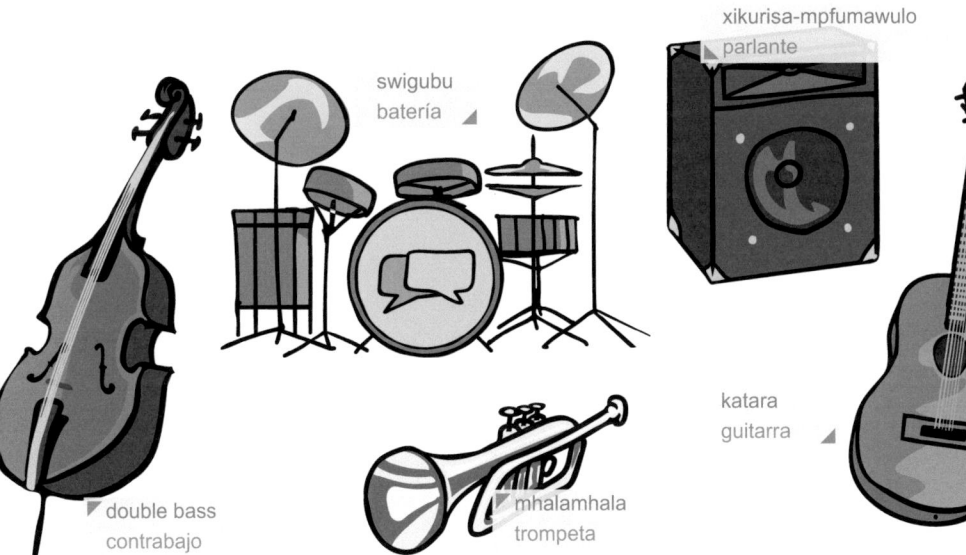

xikurisa-mpfumawulo
parlante

swigubu
batería

double bass
contrabajo

mhalamhala
trompeta

katara
guitarra

piyano

piano

violin

violín

bass

bajo

timpani

timbales

xigubu

tambor

keyboard

teclado

saxophone

saxofón

xitiringo

flauta

xikurisa-marito

micrófono

ntanga wa swiharhi
zoológico

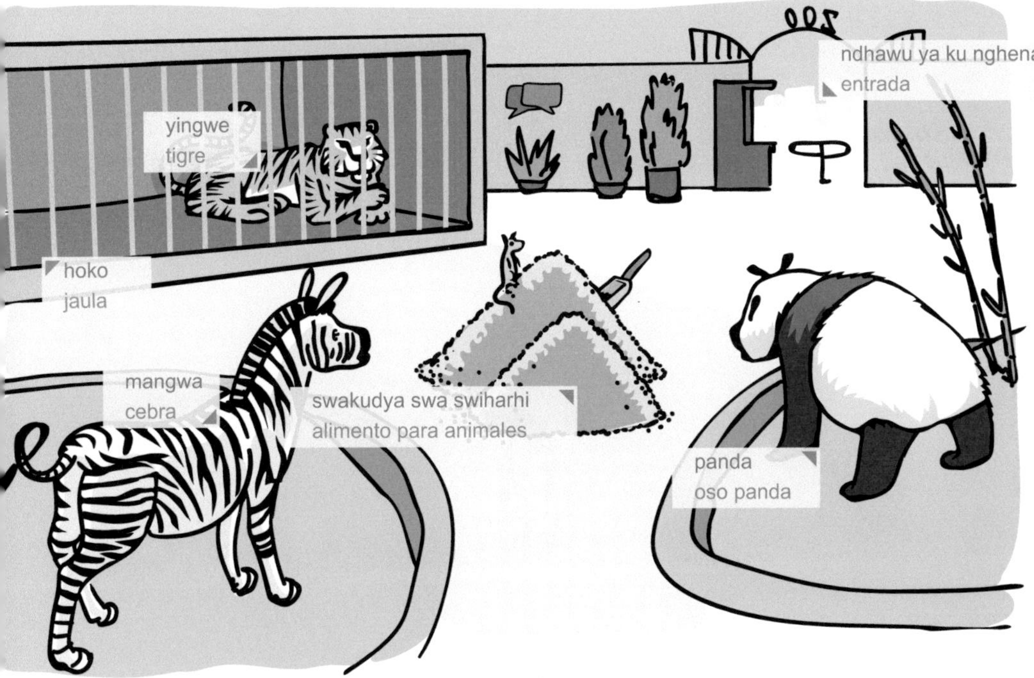
ndhawu ya ku nghena
entrada
yingwe
tigre
hoko
jaula
mangwa
cebra
swakudya swa swiharhi
alimento para animales
panda
oso panda

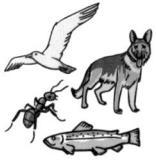

swiharhi

animales

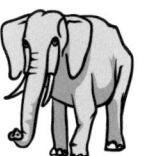

ndlopfu

elefante

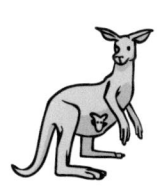

xinjhenghwe

canguro

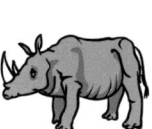

mhelembe

rinoceronte

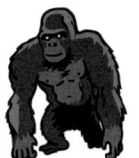

gorila

gorila

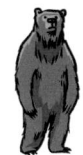

bere

oso

kamela

camello

yintsha

avestruz

nghala

león

nkawu

mono

flamingo

flamenco

hokwe

loro

bere

oso polar

penguin

pingüino

shaka

tiburón

hanti

pavo real

nyoka

serpiente

ngwenya

cocodrilo

muhlayisi wa mintanga ya
swiharhi

cuidador del zoológico

seal

foca

jaguar

jaguar

hanci

poni

yingwe

leopardo

mpfuvu

hipopótamo

nhutlwa

jirafa

gama

águila

ngluve ya nhova

jabalí

hlampfi

pescado

mfutsu

tortuga

nyimpfu ya le lwandle

morsa

mhungubye

zorro

mhala

gacela

bolo ya le Amerika
fútbol americano

kufamba hi xi kanyakanya
ciclismo

tennis
tenis

basketball
básquet

kuhlambela
natación

ntlango wa ku bana
boxeo

khororo ya le ayisini
hockey sobre hielo

bolo
fútbol

badminton
bádminton

mintlango
atletismo

bolo ya mavoko
handball

kureta e gambokweni
esquí

polo
polo

tlula
saltar

angara
abrazar

hleka
reír

famba
caminar

yimbelela
cantar

lora
soñar

khongela
rezar

ntswontswa
besar

tsala
escribir

dirowa
dibujar

komba
mostrar

dlidlimeta
presionar

nyika
dar

teka
tomar

yi va

tener

endla

hacer

ku va

ser

yima

estar parado

tsutsuma

correr

koka

tirar

lahlela

tirar

wana

caer

hemba

estar acostado

rindza

esperar

rhwala

llevar

tshama

estar sentado

ambala

vestirse

tlela

dormir

pfuka

despertar

languta

mirar

rila

llorar

bana

acariciar

kama

peinar

vulavula

hablar

twisisa

entender

vutisa

preguntar

yingisa

escuchar

nwana

beber

dyana

comer

basisa

ordenar

randza

amar

sweka

cocinar

chayela

manejar

haha

volar

tluta

navegar

hlaya

calcular

hlaya

leer

hlaya

aprender

tirha

trabajar

teka

casarse

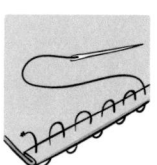

rhunga

coser

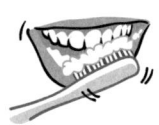

kuhlamba meno

cepillarse los dientes

dlaya

matar

dzaha

fumar

rhumela

enviar

ndyanghu
familia

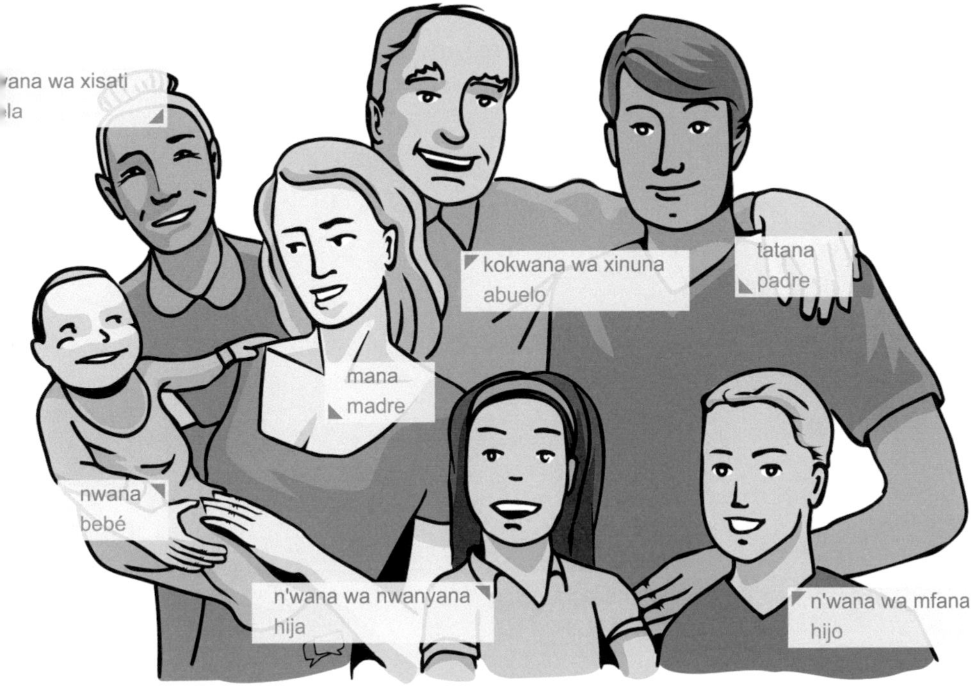

'ana wa xisati
la
kokwana wa xinuna
abuelo
tatana
padre
mana
madre
nwana
bebé
n'wana wa nwanyana
hija
n'wana wa mfana
hijo

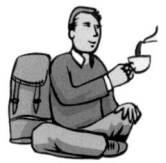

muendzi
invitado

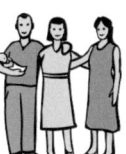

hahani
tía

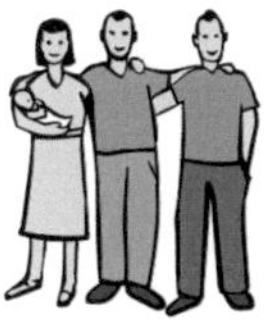

malume
tío

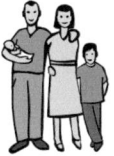

makwerhu
hermano

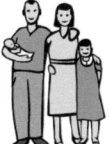

makwrhu
hermana

miri

cuerpo

mombo
frente
tihlo
ojo
katla
hombro
ritiho
dedo
xikandza
cara
xilebvu
pera
voko
mano
nenge
pierna
bele
pecho
voko
brazo

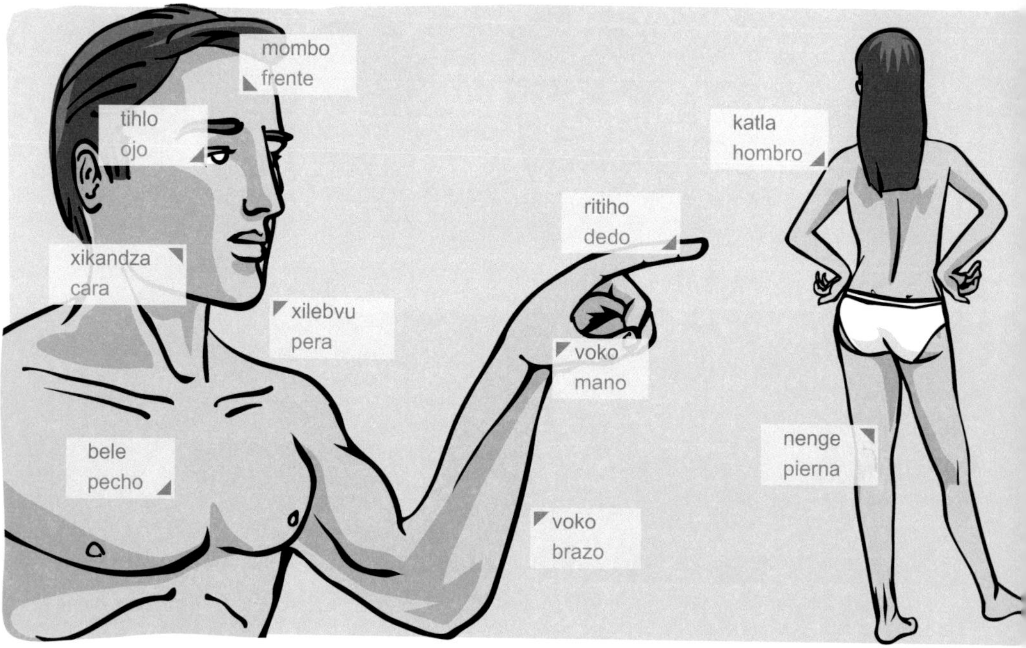

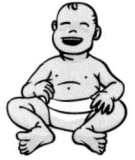

nwana

bebé

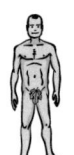

n'wanuna

hombre

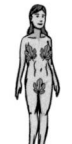

nw'ansati

mujer

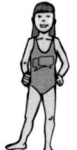

nhwanyana

nena

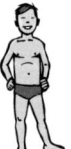

mfana

nene

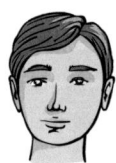

nhloko

cabeza

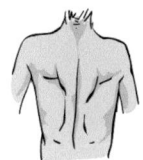

nhlana

espalda

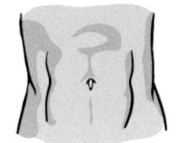

khwiri

panza

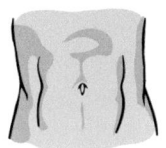

nkava

ombligo

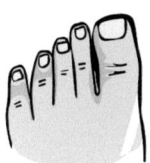

xikunwani

dedo del pie

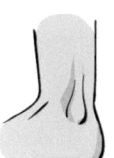

xirhenze

talón

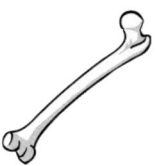

rhambu

hueso

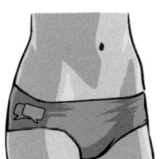

nyonga

cadera

tsolo

rodilla

xikokola

codo

nompfu

nariz

xisuti

cola

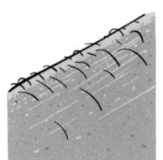

nhlonge

piel

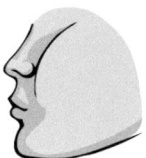

rhama

cachete

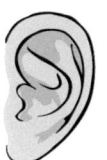

ndlebe

oreja

nomu

labio

nomu

boca

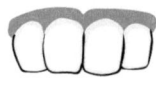

tinyo

diente

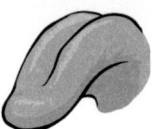

ririmi

lengua

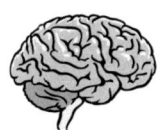

byongo

cerebro

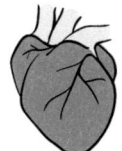

mbilu

corazón

nsiha

músculo

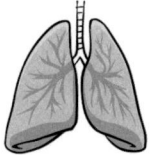

hahu

pulmón

vixindzi

hígado

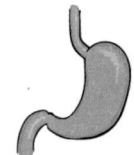

khwiri

estómago

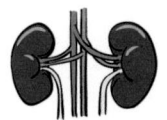

tinso

riñones

masangu

sexo

khondomu

preservativo

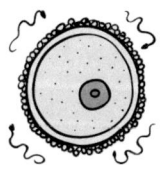

tandza

óvulo

mbewu ya vununa

semen

nyimba

embarazo

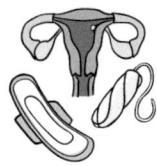

kuya enkarhini

menstruación

muhocho

vagina

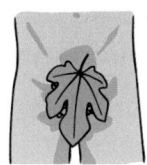

xiluma

pene

tinxiyi

ceja

misisi

pelo

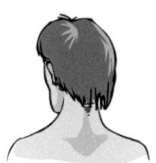

nhamu

cuello

xibedlhele

hospital

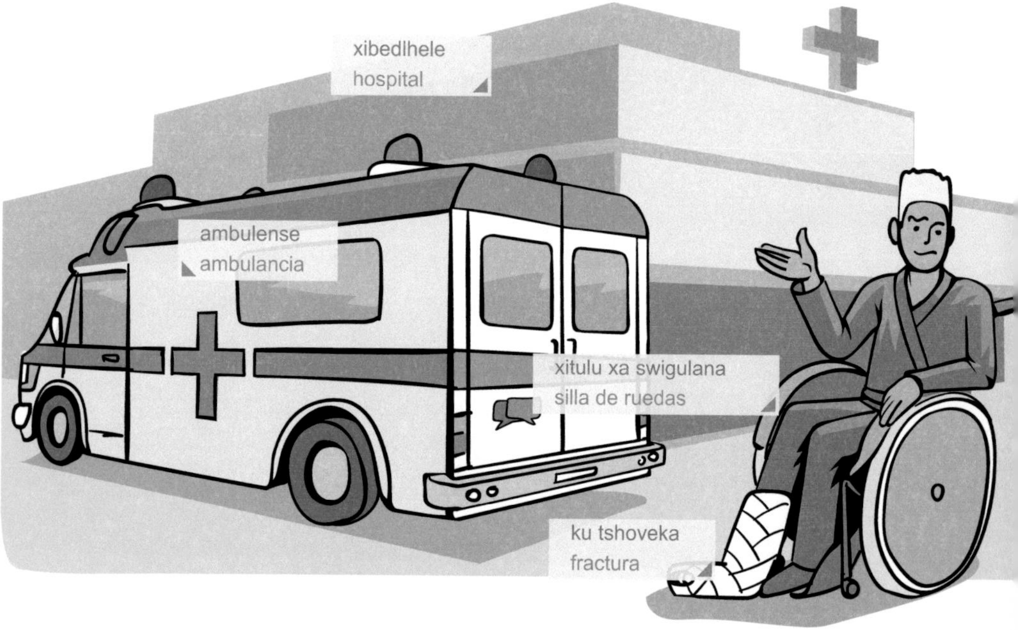

xibedlhele
hospital
ambulense
ambulancia
xitulu xa swigulana
silla de ruedas
ku tshoveka
fractura

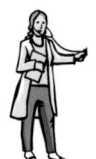

dokodela

médico

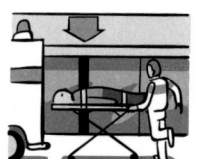

kamara ra xilamulela-mhango

sala de guardia

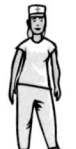

muongori

enfermera

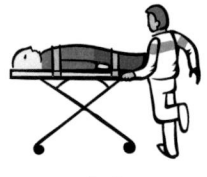

xihatla

emergencia

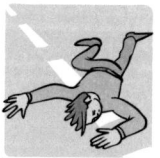

ku titivala

inconsciente

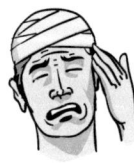

kuvava

dolor

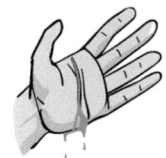

ku vaviseka

lesión

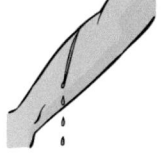

mpfempfa ngati

hemorragia

ku hlaseriwa himbilu

infarto

ku oma swirho

ACV

rinyenyo

alergia

khohlola

tos

xifumbu

fiebre

mukhuhlwana

gripe

nchuluko

diarrea

ku pandza ka nhloko

dolor de cabeza

khensa

cáncer

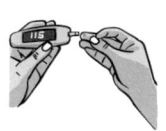

chukela

diabetes

dokodela

cirujano

mukwana

bisturí

vuhandzuri

operación

CT

TC

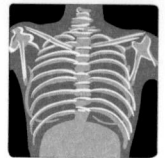

x-rheyi

rayos x

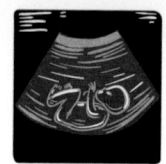

muchini wo yingisela
ntshuka-ntshuko

ecografía

xo tipfala tinhomfu

barbijo

vuvabyi

enfermedad

kamara ro rindza

sala de espera

nhonga

muleta

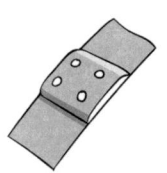

semendhe

curita

bandhichi

venda

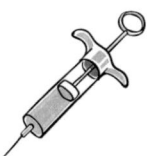

neleta

inyección

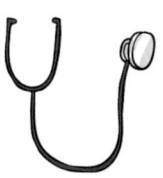

muchini wa madokodela wa
ku yingisa

estetoscopio

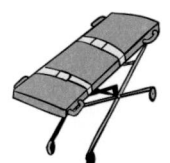

rihlaka

camilla

xipima-mahiselo

termómetro

ku veleka

nacimiento

ku nyuhela

sobrepeso

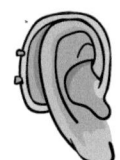

swipfuneta-ku-twa

audífono

khemikhale yo dlaya
switsongwatsongwana

desinfectante

switsongwatsongwana

infección

xitsongwatsongwana

virus

HIV / AIDS

VIH / SIDA

miri

remedio

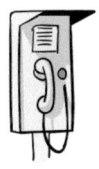

nayiti

vacunación

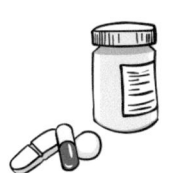

maphilisi

comprimidos

pilisi

pastilla anticonceptiva

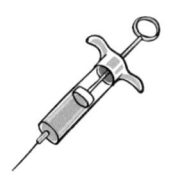

riqingho ra xihatla

llamada de emergencia

muchini wo kamba
nsusumeto wa ngati

tensiómetro

vabya / hanya

enfermo / sano

Pfunani!

¡Ayuda!

bele

alarma

ku hlaseriwa

agresión

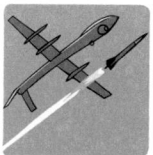

hlasela

ataque

khombo

peligro

nyangwa wo huma loko ku
ri ni mhango

salida de emergencia

Ndzilo!

¡Fuego!

xo tima ndzilo

matafuego

mhangu

accidente

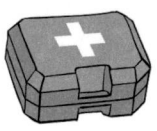

bokisi ra xilamulela-mhango

botiquín de primeros
auxilios

SOS

SOS

phorisa

policía

Yuropa

Europa

Amerika N'walungu

América del Norte

Amerika Dzonga

América del Sur

Afrika

África

Asia

Asia

Australia

Australia

Atlantic

Atlántico

Pacific

Pacífico

Lwandle-nkulu ra Indiya

Océano Índico

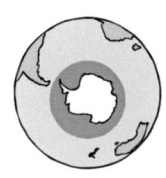

Lwandle-nkulu ra Antarctic

Océano Antártico

Lwandle-nkulu ra Arctic

Océano Ártico

North Pole

polo norte

South Pole

polo sur

Antarctica

Antártida

Misava

Tierra

tiko

tierra

lwandle

mar

xihlala

isla

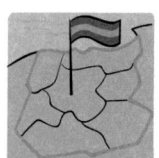

rixaka

nación

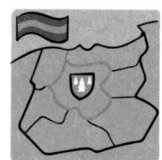

tiko

estado

xikomba nkarhi

esfera

xikomba-tiawara

manecilla de las horas

xikomba-timineti

minutero

xikomba-tisekoni

segundero

I nkarhi muni?

¿Qué hora es?

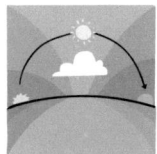

siku

día

nkarhi

hora

sweswi

ahora

wachi leyi tshavatelaka

reloj digital

minete

minuto

awara

hora

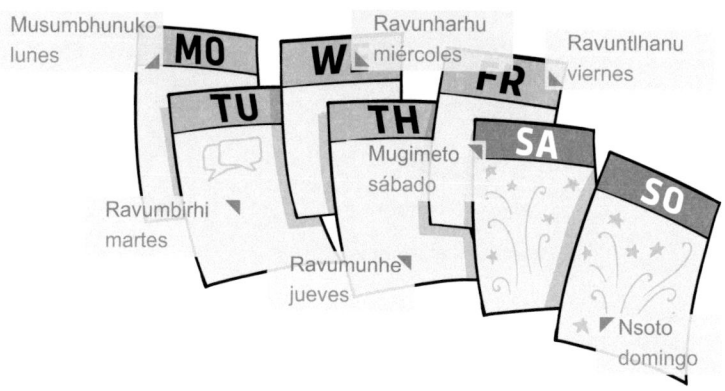

Musumbhunuko
lunes

Ravunharhu
miércoles

Ravuntlhanu
viernes

Mugimeto
sábado

Ravumbirhi
martes

Ravumunhe
jueves

Nsoto
domingo

tolo

ayer

namuntlha

hoy

mundzuku

mañana

mixo

mañana

nhlekani

mediodía

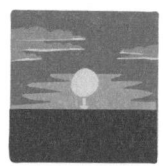

madyambu

tarde

MO	TU	WE	TH	FR	SA	SU
1	2	3	4	5	6	7
8	9	10	11	12	13	14
15	16	17	18	19	20	21
22	23	24	25	26	27	28
29	30	31	1	2	3	4

masiku ya ntirho

días hábiles

MO	TU	WE	TH	FR	SA	SU
1	2	3	4	5	6	7
8	9	10	11	12	13	14
15	16	17	18	19	20	21
22	23	24	25	26	27	28
29	30	31	1	2	3	4

mahelo vhiki

fin de semana

nkwangulatilo
arco iris

mfpula
lluvia

gamboko
nieve

moya
viento

xumun'wana
primavera

xixikana
otoño

ximumu
verano

xixika
invierno

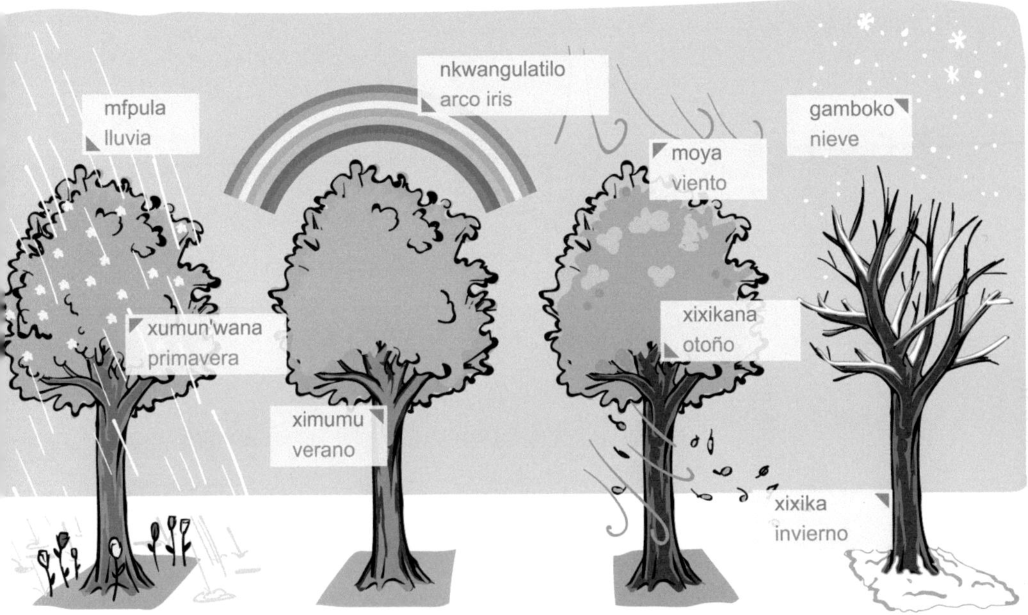

vumbha tamaxelo

pronóstico meteorológico

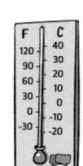

xipima-mahiselo

termómetro

dyambu

luz del sol

papa

nube

hunguva

niebla

kutsakama

humedad

rihati

rayo

dzindza-tilo

trueno

xidzedze

tormenta

xihangu

granizo

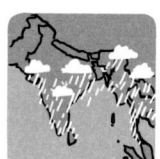

mpfula

monzón

ndhambi

inundación

ayisi

hielo

Sunguti

enero

Nyenyenyana

febrero

Nyenyankulu

marzo

Dzivamusoko

abril

Mudyaxihi

mayo

Khotavuxika

junio

Mawuwani

julio

Mhawuri

agosto

Ndzhati
....

septiembre

Nhlangula
....

octubre

Hukuri
....

noviembre

N'wendzamhala
....

diciembre

xirendzevutana
....

círculo

xikwere
....

cuadrado

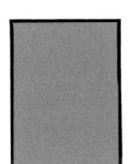

matlhelo ya mune
....

rectángulo

xivunguvungu xa tintlha
tinharhu
....

triángulo

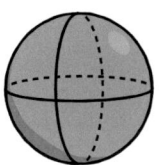

bolo
....

esfera

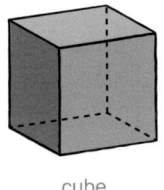

cube
....

cubo

basa

blanco

xitshopana

amarillo

lamula

naranja

tshwukanyana

rosa

tshwuka

rojo

xigunguvungu

violeta

wasi

azul

rihlaza

verde

buraweni

marrón

mpunga

gris

ntima

negro

swo tala / swi tsongo

mucho / poco

hlundzukile / rhurile

enojado / tranquilo

sasekile / bihile

lindo / feo

masungulo / makumo

principio / fin

kulu / tsongo

grande / chico

vangama / munyama

claro / oscuro

buti / sesi

hermano / hermana

basile / chakile

limpio / sucio

helerile / helelangiki

completo / incompleto

siku / vusiku

día / noche

file / hanyaka

muerto / vivo

pfulekile / pfalekile

ancho / angosto

swa dyiwa / a swi dyiwi

comestible / no comestible

homboloka / lunghile

malo / amable

tsakile / phirekile

entusiasmado / aburrido

nyuhela / lala

gordo / flaco

masungulo / makumo

primero / último

mungana / nala

amigo / enemigo

tele / hava

lleno / vacío

tiyile / olova

duro / blando

tika / vevuka

pesado / liviano

ndlala / torha

hambre / sed

vabya / hanya

enfermo / sano

swi ngariki enawini / enawini

ilegal / legal

tlharihile / xiphukuphuku

inteligente / estúpido

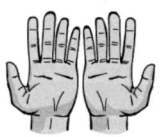

ximati / xinene

izquierda / derecha

akusuhi / kule

cerca / lejos

yintshwa / tirhisiwile

nuevo / usado

hava / xin'wana

nada / algo

dyuharile / muntshwa

viejo / joven

xarirha / xitimile

encendido / apagado

pfurile / pfariwile

abierto / cerrado

myerile / huwa

silencioso / ruidoso

fuwile / xisiwana

rico / pobre

swinene / bihile

correcto / incorrecto

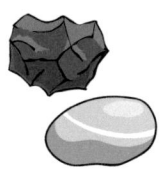

khwasha / reta

áspero / suave

vaviseka / tsaka

triste / contento

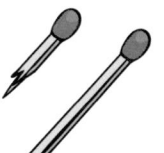

koma / leha

corto / largo

hlwela / hatlisa

lento / rápido

tsakama / oma

mojado / seco

kufumela / titimela

caliente / frío

nyimpi / kurhula

guerra / paz

nomboro
números

0

noto

cero

1

n'we

uno

2

mbirhi

dos

3

nharhu

tres

4

mune

cuatro

5

ntlhanu

cinco

6

ntsevu

seis

7

nkombo

siete

8

nhungu

ocho

9

nkaye

nueve

10

khume

diez

11

khume n'we

once

12

khume mbirhi

doce

13

khume nharhu

trece

14

khume mune

catorce

15

khume ntlhanu

quince

16

khume ntsevu

dieciséis

17

khumbe nkombo

diecisiete

18

khume nhungu

dieciocho

19

khume nkaye

diecinueve

20

makhume mambirhi

veinte

100

dzana

cien

1.000

gidi

mil

1.000.000

gidi ya magidi

millón

Xinghezi

inglés

Xinghezi xa Amerika

inglés americano

Xichayina xa Mandarin

chino mandarín

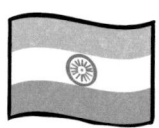

Xihindi

hindi

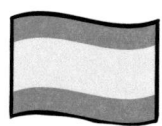

Xipaniya

español

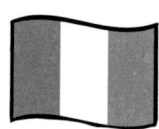

Xifurwa

francés

Xiarabu

árabe

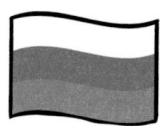

Xirhaxiya

ruso

Xiputukezi

portugués

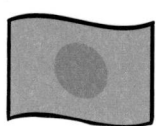

Xibengali

bengalí

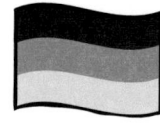

Xijarimani

alemán

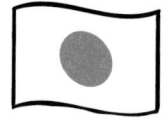

Xijapani

japonés

mina

yo

wena

vos

yena / yena / xona

él / ella

hina

nosotros

n'wina

ustedes

vona

ellos

mani?

¿quién?

yini?

¿qué?

njhani?

¿cómo?

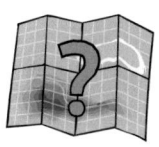

kwihi?

¿dónde?

rhini?

¿cuándo?

vito

nombre

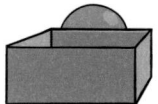

endzaku

detrás

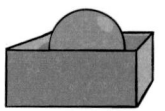

ahehla

en

emahlweni a

adelante de

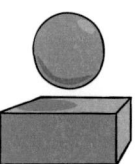

ahenhla ka

por encima de

eka

sobre

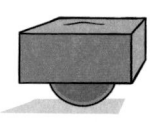

ehansi

debajo de

handle ka

al lado de

exikarhi ka

entre

ndhawu

lugar